ACADÉMIE
DES
INSCRIPTIONS & BELLES-LETTRES

COMPTES RENDUS
DES
SÉANCES DE L'ANNÉE
1904

Jean CLÉDAT

NOUVELLES RECHERCHES A BAOUIT
(HAUTE-ÉGYPTE), CAMPAGNES 1903-1904

PARIS
ALPHONSE PICARD ET FILS, ÉDITEURS
LIBRAIRES DES ARCHIVES NATIONALES ET DE LA SOCIÉTÉ DE L'ÉCOLE DES CHARTES
82, RUE BONAPARTE, 82
—
M D CCCC IV

Extrait des *Comptes rendus des séances de l'Académie des Inscription et Belles-Lettres*, 1904, p. 517.

NOUVELLES RECHERCHES A BAOUÎT

(HAUTE-ÉGYPTE)

CAMPAGNES 1903-1904

PAR M. JEAN CLÉDAT

Dans la séance du 17 octobre 1902, j'avais eu l'honneur de présenter à l'Académie le résultat de mes premiers travaux sur les ruines de l'ancien monastère de l'Apa Apollo situé à Baouît en Haute-Égypte.

Dès mon retour en Égypte et bien que n'appartenant plus à l'École du Caire, M. Maspero m'invitait à reprendre les travaux que j'avais commencés, et grâce à son intervention, M. Chassinat, directeur de l'École, m'abandonnait généreusement le site où je me transportai immédiatement pour y poursuivre les recherches commencées pendant l'hiver 1901-1902. Comme à cette époque, mes travaux portèrent particulièrement sur l'étude des chapelles funéraires si remarquables par le nombre et la variété des sujets religieux ou symboliques qui sont figurés sur les parois intérieures de ces monuments.

Grâce à une subvention du ministère de l'Instruction publique et au généreux concours d'un français, M. Georges Guestier, dans mes nouvelles campagnes (hivers 1903 et 1904), j'ai dégagé des sables qui les enveloppaient une trentaine de nouvelles chapelles. Un grand nombre de celles-ci portaient encore des traces de décorations et de graffiti; une douzaine seulement, en bon état de conservation, avaient résisté au temps et à la main des indigènes.

Durant ces deux saisons, mes recherches eurent lieu principalement dans la partie nord du kôm, autour des chapelles 19, 26 et 28, que j'avais précédemment déblayées. Très soigneusement je visitai et j'étudiai le terrain, afin de ne laisser rien derrière moi.

Avant de décrire brièvement le résultat de mes excavations, j'ajouterai que les prévisions que je formulai, ici-même, en 1902, ont dépassé de beaucoup mon attente et que le sol de Baouît n'est pas près d'être épuisé. En dehors des chapelles funéraires, qui se reconnaissent facilement par leur architecture et par leur aménagement intérieur, un grand nombre de constructions qui paraissent avoir servi antérieurement d'habitations ont été transformées ou converties en monuments funéraires et, par cela même, ont eu l'honneur, quelquefois, d'être décorées de peintures murales. D'autre part, j'ai eu lieu de remarquer qu'à certaines chapelles on a accolé de nouvelles constructions dont les murs parfois recouverts de fresques viennent obstruer une porte ou une fenêtre de l'ancienne construction. Cette observation, tout étrange qu'elle puisse paraître, n'est pas un fait isolé. A plusieurs reprises, j'ai eu lieu d'en faire la constatation, sans avoir pu toutefois m'assurer du fait qui avait poussé les chrétiens à construire ces sortes d'annexes, qui vont jusqu'à clore l'ancienne bâtisse par un mur élevé en plein dans la porte.

Je n'ajouterai rien à ce que j'ai dit ailleurs sur l'architecture de ces monuments. Invariablement ce sont des constructions à plan carré ou rectangulaire, surmontées, suivant le cas, d'une coupole demi-sphérique ou d'une voûte en berceau en plein cintre, telles qu'on les voit encore de nos jours et un peu partout en Haute-Égypte, dans les nécropoles modernes. Sur les murs toujours construits en briques crues on a posé un premier enduit en pisé recouvert d'une couche de plâtre grossier, sur lequel les artistes ont essayé leurs talents en décorant les parois d'innombrables motifs religieux et ornementaux.

Très peu de ces chapelles m'ont livré le nom du ou des personnages pour qui furent élevés ces monuments; mais il n'est pas douteux qu'un monument décoré avec tant de soin et de richesse ait été construit pour un moine ou pour une famille illustre du pays. La renommée de saint Apollo était grande, et il n'est pas étonnant que de nombreux personnages aient désiré reposer près du lieu où le saint avait habité et fait ses nombreux miracles. Cette constatation est, je crois, suffisante pour expliquer l'importance de la nécropole de Baouit.

La description de ces monuments devant être publiée in extenso dans les *Mémoires de l'École française du Caire*, je ne décrirai aujourd'hui que brièvement le résultat de mes fouilles pendant ces deux dernières campagnes. Ainsi que je l'ai déjà dit, malgré les dévastateurs, un certain nombre de ces chapelles nous sont parvenues dans un état excellent de conservation, moins les coupoles ou les voûtes qui, toutes, ont été détruites ou se sont démolies d'elles-mêmes.

La méthode descriptive que j'emploierai pour la description de ces nouveaux monuments sera la même que celle employée dans ma publication, c'est-à-dire chapelle par chapelle et suivant leurs numéros d'ordre établis au fur et à mesure de la découverte. Naturellement, dans cette nomenclature, je passerai sous silence, en un rapport aussi bref, les monuments qui n'offrent qu'un intérêt médiocre.

La chapelle numéro 30, qui est la première ouverte en 1903, était fort endommagée au moment du déblaiement. Il ne restait plus que la décoration de la paroi nord et une partie de la paroi est. D'après le peu qu'il reste de ces peintures, il semble que l'artiste ait orné les parois de ce monument d'une série de tableaux non interrompus et rappelant aux fidèles les principales phases de la vie du Christ. Nous y voyons en effet le Massacre des Innocents, le Baptême du Christ et les Noces de Cana. Par le mouvement et la pose des personnages, le costume et même les accessoires, ces peintures accusent une forte influence romaine.

Près de cette chapelle s'en trouve une autre, fort bien conservée et d'une disposition architecturale particulière. Sur chacune de ses faces sont établies deux niches de 1ᵐ 25 de largeur, encadrées par une ornementation aussi riche que variée. En général, le fond de chacune de ces niches est décoré par une tête de saint ou d'aigle tenant au bec une croix ansée. Sur les parois, entre les niches, figurent, debout et tenant dans les mains le livre des Évangiles, des Pères de l'Église copte. Parmi toutes ces représentations, une seule mérite d'être mentionnée, car elle offre un intérêt particulier pour l'iconographie chrétienne. C'est une représentation de *David échanson* (du roi Saül) ⲇⲁⲩⲓⲧ ⲡⲣⲉϥⲟⲩⲱⲙ. Cette scène, qui apparaît, je crois, pour la première fois, montre le jeune David debout, vêtu d'une courte tunique blanche. Dans la main gauche il tient une coupe qu'il remplit de vin puisé dans des amphores placées près de lui. L'exécution de cette peinture est naïve, le mouvement de David est gauche, la figure sans proportion contraste étrangement avec les autres peintures de la même chapelle.

Je mentionnerai, en passant, une autre peinture placée dans un groupe de constructions attenant aux chapelles précédemment décrites. Cette fresque appartenait à un ensemble décoratif dont on retrouve les traces un peu partout sur les anciennes murailles, car toute cette partie a subi des remaniements nombreux à diverses époques. Elle représente David devant un portique, assis sur un trône. Le roi qui porte un manteau pourpre est en conversation avec trois anges placés devant lui. Ce tableau, dont la conception n'est pas sans intérêt au point de vue artistique, devait comprendre plusieurs scènes dont les restes se voyaient encore au moment du déblaiement. La destruction des autres parties est très regrettable, car elle nous eût révélé le sujet représenté par l'artiste et que l'on doit chercher probablement dans les Apocryphes.

Nous avons également à déplorer la perte de nombreuses fresques qui se trouvaient dans les constructions placées autour de la chapelle 26. Les travaux poursuivis sur ce point m'ont livré une série de monuments liés les uns aux autres, en grande partie démolis et saccagés. Parmi ces ruines, une quantité de fragments de fresques subsistaient encore, mais les parties principales avaient disparu avec les parois, ne laissant généralement que les motifs ornementaux qui servaient de soubassement aux motifs principaux. De ces ruines je n'ai pu relever qu'une seule peinture, un peu moins détériorée que les autres. Elle montre une chasse à la gazelle dans une forêt. Des nombreux personnages qui composaient le tableau un seul est complet, et les animaux poursuivis sous les arbres, dont on ne voit que le tronc, sont également très mutilés. Malgré cet état de mauvaise conservation, le monument offre un réel intérêt; les personnages vêtus du costume scythe sont pleins de mouvement, les animaux eux-mêmes sont élégants et bien silhouettés; en un mot, cette scène rappelle par la disposition et dans une certaine mesure les tableaux analogues que l'on trouve fréquemment dans les tombes de l'ancienne Égypte.

La saison trop avancée pour poursuivre mes recherches m'obligeait à rentrer au Caire en attendant le retour de l'hiver pour commencer de nouveaux déblaiements. Dans cette dernière campagne, je portai, cette fois-ci, mes investigations autour de la chapelle 19, et j'eus le bonheur de mettre à jour une série de monuments beaucoup mieux conservés que ceux que je viens de décrire. Ainsi qu'on va le voir par la description que je vais en donner, certaines de ces peintures, reproduites à l'aquarelle ou prises en photographie, soulèvent de très curieux problèmes et méritent de fixer l'attention.

Le plus important et le plus fréquent parmi les sujets religieux peints dans les chapelles, et que l'on retrouve particulièrement dans les absides, est certainement la scène où le Christ est représenté triomphant. Baouit, à lui seul, en a fourni jusqu'à ce jour une quantité notable, six au moins, et le site n'est pas encore épuisé. On retrouve encore cette scène dans les couvents qui ont conservé leurs anciennes fresques. C'est ainsi qu'on voit le Christ Triomphant à Sohag dans les deux couvents Blanc et Rouge ou couvents d'Anba Shenoudi et d'Anba Bichoï; à Esneh, au couvent des Martyrs; enfin le couvent de Saint-Siméon, à Assouan, en renferme un type particulièrement intéressant, pour ne parler que des monuments de l'Égypte.

La disposition du sujet est sensiblement la même partout; elle ne diffère que par le détail. D'après mes études personnelles de cette représentation dans les divers couvents que je viens de nommer, on peut diviser le sujet en quatre types principaux : 1° le Christ apocalyptique est assis sur un trône au milieu d'une gloire; 2° dans une deuxième zone placée au-dessous du Christ, la Vierge est entourée des Apôtres (fig. 1); 3° à la place des Apôtres sont représentés les vingt-quatre vieillards de l'Apocalypse; 4° le Christ est accompagné des quatre Évangélistes. Je n'ai retrouvé à Baouit que les premier et deuxième types; à Assouan, le troisième et le quatrième se voient dans l'abside de l'église du Couvent Blanc.

A Baouit, le premier et le deuxième types m'ont fourni de curieuses variantes que je vais décrire en étudiant les divers monuments où j'ai retrouvé ce motif. Dans la chapelle 45, le Christ est assis sur un trône byzantin au milieu d'une gloire; la partie supérieure de la figure du Christ a disparu dans une cassure, mais de son corps on voit s'échapper des rayons lumineux. Des quatre animaux de l'Apocalypse il ne reste plus que le lion et le bœuf. A chacune des extrémités de cette partie du tableau est un personnage debout, vêtu d'une longue robe blanche. L'un est Pierre et l'autre Paul ayant dans les mains les symboles eucharistiques : Pierre porte le pain et Paul le vase contenant le vin. De cette peinture on peut rapprocher celle qui a été trouvée à Alexandrie et où Pierre et André présentent les Eulogies au Christ assis entre les deux Apôtres. Dans la fresque de Baouit, bien que le nom de Paul ait disparu, il n'est pas douteux que c'est bien cet apôtre qui présente le vin, car André figure au-dessous, avec son nom écrit à côté de lui. Dans cette peinture, un autre détail est digne d'attention. A la place de la Vierge qui prend place d'habitude au milieu des Apôtres, nous y voyons figurer le prophète Ezéchiel vêtu du costume scythe, esquissant une danse joyeuse en montrant de la main le Christ dont il avait annoncé la venue. Autour du prophète sont rangés les autres Apôtres dans diverses attitudes, avec leur nom écrit en blanc à côté d'eux (fig. 2).

Dans une autre chapelle (numéro 51) l'artiste ne nous a donné qu'une partie de la scène; la zone inférieure est absente, mais autour du Christ le peintre a fait figurer deux personnages debout, dont l'un à gauche, vieillard barbu à la chevelure bouclée, tient dans une main un vase et de l'autre un encensoir. Celui de droite, la main allongée, montre un troisième personnage foulé par les roues du char qui supporte le trône du Christ. La main gauche qui se trouve dans une cassure ne nous permet pas de savoir s'il portait comme le personnage de droite un symbole. Malgré ces lacunes, je pense que l'on peut rapprocher ce tableau du précédent et qu'il y avait identité entre eux. Dans cette scène un point reste encore obscur : c'est le personnage couché sous les roues du char. Déjà dans une autre abside (chapelle 26), je l'avais remarqué sans pouvoir comprendre le rôle qu'il jouait dans le tableau,   ue j'avoue ne pas comprendre davantage aujourd'hui. Le fait, je crois, mérite d'être signalé, bien que dans notre nouvelle fresque le problème se complique de cet autre personnage qui le montre du doigt et qui n'existait pas dans le tableau précédent.

Parmi cette série de monuments, je signalerai encore le Triomphe du Christ de la chapelle 46. Bien qu'offrant moins d'intérêt que les autres scènes analogues, que je viens de décrire, il mérite une mention. Le Christ, toujours assis sur son trône, n'a plus la douceur et la jeunesse que d'autres artistes lui ont données, comme dans la chapelle 26. Il est ici représenté dans la maturité de l'âge : la barbe taillée en rond, la chevelure ondulée retombant sur les épaules, l'ovale et les traits de la figure réguliers, le geste sévère font songer immédiatement au Christ Pantocrator tel que l'a produit l'école byzantine à partir du xi° siècle. Au-dessous, dans une deuxième zone, la Vierge, dans l'attitude des Orantes, la tête levée vers son Fils, est entourée par les Apôtres. Les uns sont prosternés à ses pieds, tandis que d'autres, d'un geste naïf et de sublime adoration, montrent de la main le Christ. A chaque extrémité de cette zone l'artiste a représenté un moine debout : à droite est « le frère An[toine] » ΠΑϬΟΝ ΑΝ[ΤΩΝΙ], l'index de la main gauche devant la bouche, dans le geste du silence ; le second, qui porte une clef de la main gauche, est « le frère Juste, homme du lieu « ΠΑϬΟΝ ΙΟΥϬΤΟ ΠΡΩΜΕ ΝΠΜΑ ΝΣΩΠΕ, lequel lieu doit vraisemblablement être Baouit (fig. 3).

En dehors de l'abside, la chapelle 51 offre dans ses diverses peintures murales un intérêt multiple. C'est ainsi que l'une des fresques, qui se développe sur toute la largeur de la paroi nord, nous montre quatre épisodes de la vie de la Vierge : l'Annonciation, la Visitation, le Départ de chez Élisabeth et la Nativité.

1° *L'Annonciation*. Comme au cimetière de Priscille, Marie ΜΑΡΙΑ ΜΑΡΙΑ est assise, la tête nimbée et couverte d'un voile, le corps vêtu du pallium rouge. Dans ses mains, elle tient une broderie dont les extrémités tombent dans des corbeilles placées à droite et à gauche du siège; devant elle, l'ange Gabriel ⲟⲁⲅⲅⲉⲗⲟⲥ ⲅⲁⲃⲣⲓⲏⲗ portant une croix lui annonce son divin message.

2° *La Visitation.* Devant un édicule à droite duquel se tient debout Joseph ⲓⲱⲥⲏⲫ, Élisabeth ⲉⲗⲓⲥⲁⲃⲉⲧ qui vient de sortir de sa maison tient Marie étroitement enlacée.

3° Cette phase de la vie de la Vierge apparaît, je crois, pour la première fois dans les représentations iconographiques chrétiennes. Marie est montée sur un cheval blanc, que conduit par la bride l'ange Gabriel. Cette scène, qui représente le *Départ de Marie de chez Élisabeth*, est assurée par le quatrième épisode qui est :

4° *La Nativité.* Ce sujet offre cette particularité, comme les autres représentations que nous ont données les monuments chrétiens, c'est que l'Enfant n'est pas figuré. Devant la Vierge couchée sur un lit se tient debout « la sage-femme Salomé » ⲥⲁⲗⲟⲩⲉ ⲧⲓⲁⲅⲓⲟ, étendant les mains vers Marie pour recevoir l'Enfant. Le sujet tiré d'un Apocryphe est étrange en lui-même, puisqu'il est incomplet. On s'attendrait donc à trouver un cinquième épisode qui nous montrerait l'Enfant. Mais le début de la paroi Est, où devrait se trouver cette scène, nous fait voir deux cavaliers dont l'un est Jean accompagné de ses fils, Naphrho ⲛⲁⲫⲣⲍⲱ et Paul. Il faut donc supposer que la scène a été intentionnellement abandonnée au quatrième épisode, ou bien que, la décoration de la paroi été étant commencée, l'artiste qui travaillait à la Vie de la Vierge s'est trouvé dans la nécessité d'arrêter son sujet à ce point (fig. 4).

Un tableau assez fréquemment reproduit dans les chapelles (7, 35, etc.) nous montre une série de personnages dont trois occupant le centre sont assis sur un siège commun, les autres se tenant debout de chaque côté. Jusqu'à ce jour je n'avais pu identifier la scène figurée, soit par suite de cassures dans la fresque, soit que les noms n'aient pas été écrits. Au-dessus de la vie de la Vierge et remplissant le tympan de notre chapelle 51, une nouvelle représentation de ce sujet nous est fourni et vient donner une solution définitive à ce petit problème par la révélation des noms qui nous manquaient ailleurs. Les trois personnages assis sont : au centre, saint Apa Apollo ⲟⲁⲅⲓⲟⲥ ⲁⲡⲁ ⲁⲡⲟⲖⲁⲱ, le fondateur et le premier père du couvent; à gauche, Saint Apa Anoup ⲟⲁⲅⲓⲟⲥ ⲁⲡⲁ ⲁⲡⲟⲩⲡ; à droite, Saint Apa Phib ⲟⲁⲅⲓⲟⲥ ⲁⲡⲁⲫⲓⲃ; tous trois sont fréquemment mentionnés dans l'invocation des inscriptions et graffiti de dévotion que l'on trouve à Baouit ou aux environs de ce village. Deux anges qui ne sont désignés que par le mot ⲁⲅⲅⲉⲗⲟⲥ se tiennent derrière Apollo. Les personnages debout du côté gauche sont : l'Apa Isaac ⲁⲡⲁ/////ⲟⲓⲥⲁⲕ et l'Apa Cyriaque ⲁⲡⲁ ⲅⲉⲣⲓⲁⲕⲟⲥ; à droite : l'Apa Améi, père du lieu ⲡⲁⲛ[ⲁ]ⲍⲁⲛⲟⲓ ⲙⲕⲟⲧⲙⲡⲧⲱⲡⲟⲥ, le frère Pedjosch ⲡⲁⲥⲟⲛ ⲡⲓⲟⲭⲱϣ; enfin un troisième moine, dont le nom était effacé, terminait le tableau. Ainsi, cette fresque offre un certain intérêt puisqu'elle nous fait connaître les principaux cénobites qui ont le plus honoré ce monastère.

Tels sont, dans leur ensemble, les résultats acquis pendant mes deux dernières campagnes à Baouit. J'ai le ferme espoir que la saison prochaine sera aussi fructueuse que les précédentes et que par les nouveaux documents que les fouilles mettront au jour, nous élargirons nos connaissances dans le domaine de l'archéologie chrétienne et nous aiderons, en même temps, à mieux connaître le développement du christianisme en Égypte.

MACON, PROTAT FRÈRES, IMPRIMEURS

1. Baouît. — Chapelle 42 abside Est. — La Vierge au milieu des Apôtres.

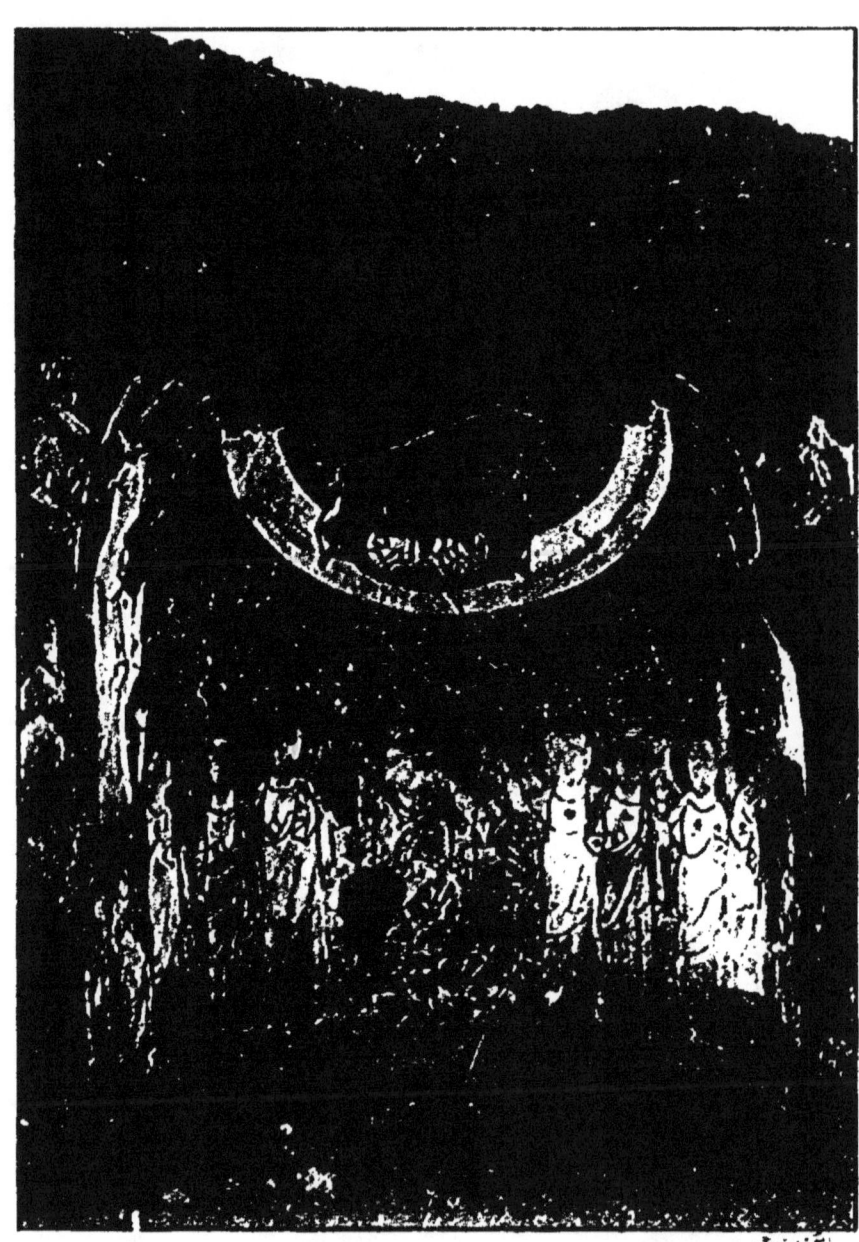

2. Baouît. — Chapelle 6 (abside Est). — Le Christ triomphant.

3. Baouît. — Chapelle 46 (abside Est). — Le Christ triomphant.

1. Baouit. — Chapelle 51. — La Nativité.

MANUELS DE BIBLIOGRAPHIE HISTORIQUE

I. — DES ARCHIVES DE L'HISTOIRE DE FRANCE
PAR CH.-V. LANGLOIS

II. — MANUEL DE BIBLIOGRAPHIE GÉNÉRALE
PAR H. STEIN

III. — DES SOURCES DE L'HISTOIRE DE FRANCE

MANUEL DE PALÉOGRAPHIE LATINE ET FRANÇAISE
DU VI ᵉ AU XVII ᵉ SIÈCLE
SUIVI D'UN DICTIONNAIRE DES ABRÉVIATIONS

ACADÉMIE DES INSCRIPTIONS ET BELLES-LETTRES
COMPTES RENDUS DES SÉANCES

www.ingramcontent.com/pod-product-compliance
Lightning Source LLC
Chambersburg PA
CBHW062008070426
42451CB00014BA/3228